KORNELIA MILAN UND ANNETTE KUNKEL

Kreative Osterzeit
Osterschmuck und Osterbräuche

▶34

56

▶36

INHALT

Informationen zu Bräuchen und Symbolen finden Sie passend zu den Kreativideen in zahlreichen Textkästen und Übersichten.

14

Vorwort

Schon zu vorchristlichen Zeiten feierten die Menschen Jahr für Jahr ein Frühlingsfest, um das neuerweckte Leben gebührend zu feiern. Vom Namen der germanischen Frühlingsgöttin Ostara leitet sich vielleicht auch der Begriff Ostern ab. Aber gerade in der christlichen Tradition hat Ostern als höchstes Fest des Kirchenjahres eine besondere Stellung. Es ist das Fest der Auferstehung Jesu Christi und steht auch damit symbolisch für Leben und Licht. Die Bräuche rund um das Osterfest sind aus einer Vermengung heidnischer und christlicher Traditionen entstanden. Zuallererst ist Ostern aber auch ein ganz besonderes Familienfest, in das die Kinder mit der liebenswerten Tradition des Osterhasen und des Osternestersuchens besonders mit einbezogen sind.

Wie auch immer Sie Ihr Osterfest feiern, lohnt es sich, die österlichen Traditionen und Bräuche zu erhalten. Sie sind ein wichtiger Teil unserer Kultur, Rituale, die Jahr für Jahr wiederkehren, die das eigene Leben strukturieren, Sinn stiften und Halt und Geborgenheit vermitteln. Ostereier färben, Osterfeuer entzünden und andere Bräuche sind mit viel Vorfreude verbunden, machen Spaß und schenken bleibende Erinnerungen. Nicht zuletzt ist die Vermittlung christlicher Traditionen für Kinder ein Geschenk mit unschätzbarem Wert.

Mit diesem Buch möchten wir zeigen, wie man das eigene Heim in der Frühjahrszeit mit einfachen Dekoideen aufpeppen und damit Frühlingsgefühle wecken kann. Wir möchten aber auch dazu anregen, sich der österlichen Traditionen bewusster zu werden und diese wieder stärker zu pflegen. Die Bastelideen rund um Ostern sind deshalb ergänzt um Informationen über die verschiedenen Bräuche, die mit den Tagen der Heiligen Woche verbunden sind.

In diesem Sinne wünschen wir Ihnen eine kreative Osterzeit!

Ihre

Annette Kunkel   Cornelia Milan

Mit dem Erblühen der Frühlingsblumen und den ersten warmen Tagen erwachen auch die Menschen aus ihrem Winterschlaf.

Wenn sich Schneeflöckchen und Krokusse ihren Weg durch die Schneedecke bahnen, ist die Luft erfüllt von Frühlingsduft.

Mit farbenfrohen Tulpen zeigt der Frühling sein schönstes Gesicht und stimmt auf Ostern ein.

Ein Körbchen voll Frühling weckt die Vorfreude auf das Osterfest.

Der Frühling erwacht

Zu Beginn des neuen Jahres steigt nach langen Wintermonaten die Sehnsucht in uns nach Licht, Farbe und Frühling. Eine pure Freude ist es dann zu beobachten, wie die Natur aus ihrem Winterschlaf erwacht: Die ersten Winterlinge und Schneeglöckchen sprießen aus dem manchmal noch vereisten Boden und strecken sich der Sonne entgegen. Bald schon kommen Krokusse, Traubenhyazinthen, Duftveilchen und andere Frühjahrsblüher zum Vorschein. Und obwohl wir Jahr für Jahr das gleiche Schauspiel beobachten, berührt es uns doch jedes Mal aufs Neue.

Mit dem Frühling werden die Tage wieder länger und die Luft wird milder. Ein neuer Duft von knospenden Bäumen und wachsenden Blumen liegt in der Luft. Auch die Vögel beginnen, wieder ihre schönsten Liedchen zu trällern. Kein Wunder, dass wir uns leicht und euphorisch fühlen und Frühlingsgefühle in uns aufsteigen.

Laden Sie den Frühling doch auch in das eigene Zuhause ein: Zarte Veilchengestecke zieren den Frühstückstisch, ein Korb mit bunten Frühlingsblumen empfängt die Besucher und ein Osterkranz aus Birkenreisig schmückt das Esszimmer oder die Terrasse. So blüht auch Ihr Zuhause auf und es steigt die Vorfreude auf das nahende Osterfest.

Ein Frühlingsgruß im Körbchen: zum Mitnehmen, Verschenken und Bewundern.

Der Vorfrühling beginnt in Mitteleuropa mit den ersten Blüten der Schneeglöckchen. Wie ihr Name schon sagt, sprießen sie bereits, wenn die Erde noch mit Schnee bedeckt ist. Beim Austreiben bilden sie Biowärme, die den umliegenden leichten Schnee schmelzen lässt. Auch Winterlinge strecken zu dieser Zeit ihre gelben Blüten langsam der Sonne entgegen. Bald darauf folgen Krokusse, Traubenhyazinthen und Duftveilchen. Als typische Osterblumen gelten Narzissen, auch Osterglocken genannt, und Tulpen.

Korb mit Frühlingsblumen

······························ erfreut das Herz ····························

Narzissen, Zwergtulpen, Gänseblümchen und Stiefmütterchen: alles, was die Natur jetzt hergibt, in einem Korb arrangiert. Schöner kann man den Frühling in seiner Wohnung kaum willkommen heißen!

MATERIAL

- Weidekorb mit Henkel, ø 30 cm, 70 cm hoch
- Blumenerde • Kranz aus Korkenweidenzweigen, ø ca. 30 cm • Narzissen • Zwergtulpen in Rot-Gelb und Pink-Weiß • Stiefmütterchen in Blau • Gänseblümchen • Gras • Birkenzweige • Weidekätzchenzweige • 2 Gänseeier • Hühnerfedern • Bindedraht, ø 0,8 mm

ANLEITUNG

1 Füllen Sie den Korb mit Erde. Legen Sie aus Korkenweidenzweigen einen Kranz zusammen, binden Sie ihn mit Draht locker zusammen und legen Sie ihn auf den Korbrand auf.

2 Die Blumen in den Korb einpflanzen und die Zweige wie abgebildet in die Erde stecken. Abschließend den Korb mit Eiern und Federn dekorieren.

FRÜHLINGSBLUMEN

Schneeglöckchen Schneeglöckchen gehören zur Familie der Amaryllisgewächse. Sie sind mehrjährige, krautige Pflanzen und überdauern durch Zwiebeln. Schneeglöckchen bevorzugen feuchte, schattige Standorte und gelten als die ersten Frühlingsboten.

Winterlinge Der Winterling kann bereits Ende Februar blühen. Er gehört zur Familie der Hahnenfußgewächse und ist eine ausdauernde, krautige Knollenpflanze. Da der Winterling eine der ersten Pflanzen ist, die im Frühjahr Nektar und Pollen liefern, kann man hier schon bei Temperaturen um die 10 °C die ersten Bienen bei ihrer Arbeit beobachten.

Krokusse Der Krokus ist ein Schwertliliengewächs, welches weltweit in den gemäßigten Breiten in Parks und Gärten anzutreffen ist. Bei uns wird die krautige und (halb-)winterharte Knollenpflanze gerne als Frühblüher in Rasenflächen gesät. Krokusse können jedoch auch im Herbst blühen.

Traubenhyazinthen Traubenhyazinthen gehören zur Familie der Spargelgewächse. Sie sind ausdauernde, krautige Zwiebelpflanzen mit fleischigen Laubblättern. Auffallend ist der traubenförmige Blütenstand aus vielen duftenden Blüten. Sie gelten heute als gefährdet.

Duftveilchen Das Duftveilchen wird auch „Märzveilchen" oder wegen seines süßen Dufts „Wohlriechendes Veilchen" genannt. Seine kleinen violetten Blüten gehören zu den ersten Frühjahrsblüten. Duftveilchen bevorzugen lichte bis halbschattige Standorte und finden sich auch am Waldrand und unter Hecken und Gebüschen.

Narzissen Narzissen, auch Osterglocken genannt, sind Amaryllisgewächse. Gemeinsam mit Tulpen und Hyazinthen wurden Narzissen aus dem Orient in die europäische Gartenkultur importiert. Es gibt viele verschiedene, zwischen 5 cm und 80 cm hoch wachsende Arten, mit sehr unterschiedlichen Blattformen und unterschiedlicher Blattanzahl.

Tulpen Tulpen gehören zur Familie der Liliengewächse. Die ausdauernden, krautigen Zwiebelpflanzen werden 10 cm bis 70 cm groß. Tulpen können ganz unterschiedliche Blätter haben, die auch in unterschiedlicher Anzahl auftreten. Holland wurde gegen Ende des 16. Jahrhunderts zum Zentrum der Tulpenzucht. Seit dieser Zeit wurden mehrere Tausend verschiedene Tulpenarten aus den Wildtulpen gezüchtet.

Frühling in der Obstkiste:
Dieses pfiffige Arrangement besticht
durch seine Farbkomposition.

Blühende Obstkiste

in Violett-Tönen

Diese blühende Obstkiste hellt garantiert die Stimmung auf – vereint sie doch Frühlingsblumen in ihrer ganzen Pracht. Ein visueller und olfaktorischer Wohlgenuss!

MATERIAL

• Holzobstkiste, 20 cm x 30 cm • Plastikfolie oder Einkaufstüte
• Blumenerde • Floristenvlies in Hellgrün, 30 cm breit, 2,20 m lang
• Zierkordel mit Holzblumen, 2,20 m lang • Hyazinthe in Blau
• Ranunkel in Violett • Hornveilchen in Violett und in Blau-Violett
• Stiefmütterchen in Creme-Violett • Primel in Creme
• Heißklebepistole

ANLEITUNG

1 Die Obstkiste mit der Plastikfolie auskleiden und mit Blumenerde füllen. Die Blumen wie abgebildet einpflanzen und gießen. Evtl. noch etwas Erde nachfüllen.

2 Falten Sie das Floristenvlies der Länge nach rechts und links jeweils um ein Drittel um, sodass es dreilagig liegt. Kleben Sie dann das Vlies mit Heißkleber um die Kiste.

3 Abschließend die Zierkordel doppelt legen und um die Kiste binden.

Tipp
PFLANZEN AUSSETZEN
Die meisten Frühlingsblumen können Sie nach der Blüte im eigenen Garten einpflanzen. Mit etwas Glück kommen sie im nächsten Jahr wieder und erfreuen Sie erneut mit ihrer Farbenpracht.

Die Stiefmütterchen in Müslitassen sorgen für frühlingshafte Stimmung auf der Fensterbank oder der Kaffeetafel.

Liebliche Stiefmütterchen

Genuss für alle Sinne

Diese Blumennester sind einfach niedlich. Da es Stiefmütterchen in (fast) allen erdenklichen Farben gibt, können Sie Tasse und Blumen in den verschiedensten Farbkombinationen zusammenstellen. Passend zu jedem Tischgedeck!

MATERIAL

- 3 Müslitassen, ø 12 cm • Rebenreisig • Moos
- 6 Stiefmütterchenblüten • Blätter • Bleistift

ANLEITUNG

1 Füllen Sie die Müslitassen mit Wasser. Dann das Rebenreisig zu Scheiben formen. Die Scheiben auf die Tassen aufsetzen und mit Moos bedecken.

2 Mit einem Bleistift Löcher in das Moos bohren. Stecken Sie die Blumen und Blätter durch die Löcher und arrangieren Sie sie.

Tipp

MOOS SAMMELN

Moos können Sie zur Osterzeit im eigenen Garten, bei Freunden oder Verwandten selbst sammeln. Oft findet man es an schattigen Steinen oder in offenen Rasenflächen. Auch Osternester für die Eiersuche am Ostersonntag lassen sich hervorragend aus gesammeltem Moos und Steinen herstellen. Für das Sammeln von Moos auf fremdem Privatbesitz, wie Waldstücken und Wiesen, müssen Sie allerdings vorher um Erlaubnis fragen.

Der 21. März ist laut Kalender der Beginn des Frühlings. Zwar ist dieser Tag kein gesetzlicher Feiertag, aber doch ein schöner Anlass, um Freunde und Familie zu einem Frühlingsfest einzuladen. Passend dazu lassen sich aus Blüten feine Salate und andere Speisen zubereiten. Ein Frühlingssalat aus Stiefmütterchen zum Beispiel, kombiniert mit Rucolasalat, Pinienkernen und einer leichten Vinaigrette aus Senf und Balsamicoessig, stimmt Ihre Gäste garantiert auf die Jahreszeit ein. Blüten für Speisen kaufen Sie am besten in einem Feinkostgeschäft oder pflücken sie im eigenen Garten. Blüten aus Blumengeschäften sind oft mit Pestiziden behandelt und daher nicht für den Verzehr geeignet.

Frühling aus dem Ei:
da kommt Osterstimmung auf.

Niedliche Eiervasen

.... für kleine Sträuße ....

Die Traubenhyazinthe ist eine ausdauernde, krautige Zwiebelpflanze mit fleischigen Laubblättern. Auffallend ist der traubenförmige Blütenstand aus vielen duftenden Blüten. Ihr kräftiges Blau und Grün harmoniert in diesem Arrangement sehr schön mit dem Weiß der Eier und peppt Ihr Wohnzimmer frühlingshaft auf.

MATERIAL

• dreigeteilte Beilagenschale aus Glas • Rebenreisig
• 3 Eier in Weiß • Traubenhyazinthen • Blattgrün
• dicke Nadel • Pinzette

ANLEITUNG

1 Formen Sie drei Kränzchen aus dem Rebenreisig und legen Sie sie in die Schalen.

2 Die Eier ausblasen (siehe Umschlagklappe). Dann vorsichtig an der Oberseite mit einer Pinzette kleine Schalenstücke herausbrechen, um das Loch zu erweitern. Eigelb und Eiweiß ausgießen und die Schale ausspülen.

3 Füllen Sie Wasser in die Eierschalen und setzen Sie die Eierschalen auf die Rebenkränzchen auf. Die Blüten und Blätter einstecken und arrangieren.

Tipp

VARIANTENREICH

Die Eiervasen lassen sich auf ganz verschiedene Art und Weise arrangieren. Zum Beispiel in einfachen Eierbechern auf dem Frühstückstisch oder in einem Kranz aus Buchsbaum im Eingangsbereich der Wohnung.

Am Gründonnerstag gesäte Kräuter und Pflanzen gelten als widerstandsfähig und heilbringend.

Der sogenannte Antlass-Kranz wird aus Kräutern und Frühlingsblumen gebunden.

Bunte Eier zu Kronen gebunden, mit grünem Buchs verziert: Osterpalmen haben eine lange Tradition.

Am Palmsonntag ist es Tradition, mit Sträußen von „Palmkätzchen" den Einzug Jesu nach Jerusalem zu feiern.

Die Karwoche

Die Karwoche ist die letzte Woche der Fasten- oder Passionszeit und die Trauerwoche vor Ostern. Die Vorsilbe „Kar-" stammt vom althochdeutschen „Kara" ab und bedeutet Trauer, Kummer oder Klage. Schon diese Übersetzung erklärt die Bedeutung dieser letzten Woche unmittelbar vor Ostern: Die Karwoche wird auch stille Woche genannt, in der der letzten Tage des Lebens Jesu Christi gedacht wird. Mit „Heiliger Woche" wird die Karwoche einschließlich der Osterfeiertage bezeichnet.

Die Karwoche beginnt mit Palmsonntag. Dem Palmsonntag folgen die stillen Tage Montag bis Mittwoch. Die eigentlichen Kartage sind Gründonnerstag, Karfreitag und Karsamstag. Der Palmsonntag erinnert an den Einzug Jesu Christi in Jerusalem. Er ist der Tag der feierlichen Prozessionen, an dem Palmen- oder Buchsbaumzweige gesegnet werden (siehe Seite 18). Der Gründonnerstag erinnert an das letzte Mahl Jesu Christi mit seinen Jüngern vor seiner Verhaftung und Kreuzigung. Die Bezeichnung Gründonnerstag wird auf unterschiedliche Weisen gedeutet (siehe Seite 24). Der Karfreitag ist der Überlieferung nach der Todestag Jesu Christi und er erinnert an sein Leiden und Sterben. Auch an diesem Tag gibt es verschiedene Brauchtümer (siehe Seite 26). Die Karwoche endet in der Osternacht von Karsamstag (siehe Seite 32) auf Ostersonntag.

In Kathedralen und Klosterkirchen wird in der Karwoche jeden Morgen die Karmette gesungen. Zum Teil finden auch tägliche Kreuzwegandachten statt. Die Heilige Messe findet an Karfreitag und Karsamstag als den einzigen Tagen im Jahr nicht statt. Die Liturgie ist mit sehr alten Bräuchen verbunden, wie z. B. das Schweigen der Glocken: Die Glocken katholischer Kirchen schweigen vom Gloria der Messe vom Letzten Abendmahl am Gründonnerstagabend an.
Erst beim Gloria in der Feier der Osternacht läuten sie wieder.

Der Palmsonntag ist der letzte Sonntag vor Ostern und damit der letzte Sonntag der Fastenzeit. Mit ihm beginnt die Karwoche. Der Palmsonntag ist der Gedenktag des triumphalen Einzugs Jesu Christi in Jerusalem. Das Volk jubelte dem im Gefolge seiner Jünger auf einem jungen Esel einreitenden Jesus zu und streute ihm zum Zeichen seines Königtums Palmzweige. Die Palme galt von jeher als heiliger Baum und als Sinnbild des Lebens und des Sieges. Jesus wurde als Befreier gefeiert, der sein Volk vor der Unterdrückung durch die Römer retten sollte. Dieses Ereignis wird in der katholischen Kirche durch Prozessionen und die Palmweihe gefeiert.

Der Gottesdienst beginnt am Palmsonntag mit der Palmweihe an einem Ort außerhalb der Kirche. Die Palmgebinde werden durch ein Weihegebet gesegnet und mit Weihwasser besprengt. Nach dem Vortrag des Evangeliums und der Predigt ziehen die Gläubigen unter dem Prozessionshymnus mit dem geschmückten Prozessionskreuz zur Kirche.

Die in der Prozession mitgetragenen gesegneten Palmgebinde werden in den Wohnungen hinter das Kruzifix gesteckt.

Die Osterpalme:
Für die Prozession am Palmsonntag und als Schmuck und Segenbringer für den eigenen Eingangsbereich.

Osterpalme für Palmsonntag

.... als Blickfang und Glücksbringer vor der Haustür ....

Geweihten Osterpalmen wird eine Unheil abwehrende Wirkung nachgesagt. Deshalb werden sie zu Hause am Kruzifix oder an einem Spiegel hängend aufbewahrt. Während der Karwoche ist diese Osterpalme ein Blickfang vor Ihrer Haustür und begrüßt die Gäste in österlicher Manier.

MATERIAL

- Buchs • verschiedene Knospenzweige (z. B. Palmkätzchen, Schlehen oder Forsythien)
- gerader Ast, ø 2 cm, 75 cm lang • Baumstamm, ø ca. 20 cm, 25 cm hoch • Filz in Lindgrün, 10 cm x 70 cm
- Sisalkordel, ø 4 mm, 2 m lang • Zierband in Beige, 4 cm breit, 1 m lang • Nägel, ø 3 mm, 8 cm lang
- Moos • Eierschalen • Federn • Bindedraht • Heißklebepistole • Seitenschneider • Hammer

ANLEITUNG

1 Legen Sie einige ca. 25 cm lange Zweige gleichmäßig um den Ast und binden Sie sie mit Draht fest.

2 Danach den Draht ein zweites Mal um die Bindestelle wickeln und festziehen. Jetzt spiralförmig weitere Zweige um den Büschel legen und immer wieder mit dem Bindedraht fixieren. Solange wiederholen, bis die Krone des Bäumchens die gewünschte Fülle hat.

3 Nach der letzten Runde den Draht mehrmals um die Bindestelle wickeln. Die Enden verdrehen und den Draht abschneiden. Die Bindestelle mit dem beigefarbenen Zierband kaschieren.

4 Nageln Sie den Stab wie abgebildet am Stamm fest. Legen Sie das Band aus Filz um den Stamm und binden Sie es mit der doppelt gelegten Sisalkordel fest. Mit der Heißklebepistole das Moos auf der Stammoberseite fixieren und Eierschalen und Federn aufsetzen. Evtl. auch die Baumkrone mit Eierschalen verzieren.

Tipp
FARBAKZENTE SETZEN

Buchs steht symbolisch für die Wintervertreibung und die Hoffnung auf neues Leben. Er behält seine grüne Farbe und damit seine Attraktivität auch nach dem Eintrocknen. Daher bietet er sich besonders als Basis für die Krone der Osterpalme an. Leuchtende Farbakzente in der Baumkrone erzielen Sie, wenn Sie mit Wasser gefüllte Reagenzgläser in die Büschel einbinden und dort frische Frühlingsblumen hineinstellen.

Die Palmenweihe gab es schon als heidnischen Osterbrauch: Die geweihten Palmenzweige schützten nach heidnischem Glauben das Haus vor Blitzeinschlägen und vor Feuer und sie sorgten für die Fruchtbarkeit der Felder, indem man sie zusammen mit den Schalen der Ostereier und den Kohlen der Osterfeuer in die Ecken der Felder einsteckte oder dort vergrub.

In der christlichen Tradition erinnert die Palmweihe an den Einzug Jesu Christi nach Jerusalem, wo er von einem Pilgerzug mit Palmzweigen empfangen wurde – die Palmen galten von jeher als heilige Bäume (siehe S. 18).

Die Palmgebinde werden regional in sehr unterschiedlichen Weisen zusammengesteckt. In Ermangelung echter Palmen werden in Deutschland traditionell folgende sieben Naturmaterialien berücksichtigt: Palm- bzw. Weidenkätzchen (also die Blütenstände der Sal-Weide), Buchsbaum, Wacholder, Stechpalme, Eibe, Zeder und Sadebaum. Die Gebinde werden auf lange Haselnussäste oder Stangen gesteckt. Geschmückt sind sie mit Äpfeln, Orangen, Bändern, Brezeln, Eiern, Leckereien u. Ä. oder spiralförmig geschnitzten Holzspänen sowie Kreuzen. Die Palmgebinde werden in ihren unterschiedlichen Ausgestaltungen je nach Region Palmstecken, Palmsträuße, Palmwedel, Palmwisch oder Palmbuschen genannt.

Das Anfertigen solcher Eiergirlanden macht mit Freunden und der Familie besonders viel Spaß. Das Ergebnis wird immer schön bunt.

Osterpalme mit Eiergirlande

.... farbenfroh ....

Pure Lebensfreude vermittelt diese Osterpalme. Sie lässt sich durch Ostereier nach Geschmack gestalten und ist damit ein würdevoller Schmuck für die Palmsonntagsprozession.

MATERIAL

FÜR DEN PALMWEDEL

- Rundholzstab, ø 1,8 cm, 120 cm lang
- Holzkugel mit Loch, ø 3 cm
- Holzkreuz, 9 cm x 5 cm • verzinkter Draht, ø 1 mm, 2 x 1 m lang
- Blumenwickeldraht in Grün, ø 0,8 mm • Bohrmaschine mit Bohrer, ø 2 mm • Seitenschneider
- 12 ausgeblasene, gefärbte Hühnereier • je 16 Holzperlen, lackiert, in Gelb, Violett, ø 7 mm, und in Pink, ø 1,3 cm • Schleifenband in Grün, 2 cm breit, und Türkis, 1 cm breit, je 1,5 m lang • Zweige (z. B. Thuja oder Buchsbaum) • Heißklebepistole

FÜR DIE OSTEREIER

- 12 ausgeblasene Hühnereier in Weiß • Wachskerze in Weiß
- Glas, ca. 7 cm hoch, gefüllt mit Sand
- alter Teelöffel • Holzstück, ca. 10 cm lang, oder Holzbleistift
- Stecknadel mit Kopf, ø 2 mm
- Teelicht • Kalt-Eierfarben in Blau, Violett, Grün und Pink • Essigessenz • 4 Gläser, ø ca. 8 cm (für jede Farbe eines) • Transparentpapier • Bleistift • Öl

ANLEITUNG

OSTERPALME

1 Wie in der Grundanleitung (siehe Umschlagklappe) beschrieben, die Löcher für die Drähte in den Rundholzstab bohren.

2 Die verzinkten Drahtstücke bis zur Mitte durch die unteren Löcher ziehen. Dann zwölf Perlen und drei Eier auf jede Drahthälfte fädeln. Die Drahtenden jeweils durch das obere Loch stecken, umknicken, und mit dem Seitenschneider kürzen.

3 Befestigen Sie das Kreuz und die Holzkugel oben auf dem Rundholzstab. Schmücken Sie abschließend die Osterpalme mit Thuja- und Buchsbaumzweigen und binden Sie die Schleifenbänder unten um den Stab.

OSTEREIER

1 Die Muster gemäß Vorlage (Seite 60) mit dem Transparentpapier vorsichtig auf die Eier übertragen oder von Hand aufzeichnen (siehe Umschlagklappe).

2 Als Nächstes werden die Muster auf die Eier gezeichnet: Biegen Sie dazu den alten Teelöffel in rechtem Winkel nach hinten, stecken Sie ihn in das mit Sand gefüllte Glas und zünden Sie darunter ein Teelicht an. Etwas Kerzenwachs auf den Löffel geben und schmelzen lassen. Als Malwerkzeug dient Ihnen eine Stecknadel, die in das Holzstück gesteckt wurde. Tauchen Sie den Stecknadelkopf immer wieder in das heiße Wachs und zeichnen Sie die Muster auf die Eier.

3 Die Eier nach den Herstellerangaben färben. Abschließend mit etwas Öl einreiben, damit die Eier schön glänzen.

*Das Straußenei steht geschützt im Buchsbaumgestell:
ein edler Schmuck für den Palmsonntag.*

Straußenei im Buchsbaumgestell

Tischdekoration für Palmsonntag

D iese Variante eines Palmgebindes ist eine wunderschöne Dekoration für den festlich geschmückten Mittagstisch am Palmsonntag. Hier wird der Buchs um ein Straußenei gebunden.

MATERIAL

• Straußenei, ca. 15 cm hoch • Draht, verzinkt, ø 1,5 mm, 2 x 60 cm lang
• Blumenwickeldraht in Grün, ø 0,8 mm • Buchsbaumzweige
• 2 unterschiedliche Baumwollborten in Naturweiß, ca. 1,5 cm breit,
je 1 m lang • Zange • Seitenschneider

ANLEITUNG

1 Den Draht nach der Vorlage (Seite 61) zu zwei Drahtgestellen biegen und gleichmäßig mit dem Blumenwickeldraht kleine Buchsbaumzweige daran festbinden.

2 Stellen Sie dann die beiden Drahtgestelle über Kreuz auf und stecken Sie das Ei in der Mitte auf die vier gebogenen Laschen.

3 Abschließend die beiden Drahtgestelle oben mit einer Schleife aus den beiden Baumwollborten zusammenbinden.

Kresse im Eierkarton: nicht nur vitaminreich und köstlich, sondern auch ein Hingucker auf jedem Frühstückstisch.

Gründonnerstag erinnert an das letzte Abendmahl, das Jesus vor seiner Kreuzigung im Kreise seiner Jünger einnahm. Die Vorsilbe „Grün-" stammt nicht, wie man es vermuten würde, von der gleichnamigen Farbe ab, sondern vom Wort „greinen", also von „weinen", da zu früheren Zeiten die Sünder und Büßer an Gründonnerstag wieder in die Kirchengemeinschaft aufgenommen wurden und sie dabei Tränen der Reue und Freude weinten. Trotzdem wird dieser Tag gerne mit der Farbe Grün in Verbindung gebracht, und vielerorts ist es Brauch, an Gründonnerstag etwas Grünes zu essen. Gut trifft es sich, dass gerade zu dieser Zeit in Wald und Flur die ersten vitamin- und mineralstoffreichen Pflanzen sprießen und uns die jungen Triebe von Löwenzahn, Sauerampfer, Brennnessel und Bärlauch mit ihrem Geschmack locken. Am Gründonnerstag gesammelten und gesäten Kräutern wird außerdem eine besondere heilende Kraft zugesprochen. Neben dem Verzehr werden vielerorts aus diesen Kräutern sogenannte Antlasskränze (siehe Foto Seite 16) geflochten. Diese werden gerne mit einem Ei verziert und über das ganze Jahr aufbewahrt.

Grünes säen an Gründonnerstag

.... Kresse im Eierkarton ....

Am Gründonnerstag gesäten Pflanzen und Kräutern wird eine besonders heilende Kraft nachgesagt. Kresse lässt sich problemlos und schnell auf der Fensterbank ziehen. In einem Eierkarton ist sie dann nicht nur ein schönes Dekoobjekt, sondern auch, mit seinem hohen Vitamin- und Mineralstoffgehalt, ein wahrer Muntermacher für Frühjahrsmüde.

Antlasseier hießen früher die Eier, die am Gründonnerstag gelegt wurden. Der Begriff „Antlass" (oder „Ablass") bedeutet die Entlassung aus der Buße bzw. die Vergebung der Sünden. Die öffentlichen Büßer, also diejenigen Menschen, die öffentlich zu einer Kirchenstrafe verurteilt worden waren, wurden am Gründonnerstag wieder in die Kirche aufgenommen. Der Gründonnerstag hieß deshalb auch Antlasstag. Die rote Farbe der Eier war ein Hinweis auf das Blut Jesu Christi, das von der Schuld freispricht. Die Antlasseier wurden für die Speisenweihe aufgehoben. Die Jahressteuer der Pächter an Adel und Kirche war früher am Gründonnerstag fällig und wurde in Form von „Eier-Zinsen" gezahlt. Die Steuerschuld war mit dem letzten, rot eingefärbten Antlassei getilgt. Dem Volksbrauchtum nach soll das Antlassei Unheil abwehren und Kräfte spenden.

MATERIAL

- Eierkarton • Erde, Watte oder Küchenpapier
- Kressesamen • kleine Eier

ANLEITUNG

1 Füllen Sie die Erde ca. 2 cm hoch in die Schälchen des Eierkartons und feuchten Sie sie gut an.

2 Die Samen gleichmäßig aufstreuen. Kressesamen keimen nach einem Tag.

3 Halten Sie die Kressesamen in den ersten Tagen nach der Saat feucht, gießen Sie sie jedoch nicht zu viel, damit die Keimlinge nicht vertrocknen.

4 Die Kresse kann mit kleinen Eiern, Osterschmuck o. Ä. dekoriert werden. Mit einer scharfen Schere ernten.

Tipp
DER RICHTIGE ZEITPUNKT ZUM SÄEN
Wenn Sie möchten, dass der Kresserasen am Gründonnerstag in voller Pracht steht, säen Sie die Kresse etwa zwei Wochen vor Ostern aus.

Der Karfreitag ist der Tag der Kreuzigung Jesu Christi und er wird daher seit dem zweiten Jahrhundert als Trauer- und Fastentag gefeiert. Zur Todesstunde Jesu findet ein Gottesdienst statt, in der die Passion vorgetragen wird. Nach altem Brauch schweigen die Kirchenglocken am Karfreitag und Karsamstag und sie dürfen erst mit dem Ende der Fastenzeit wieder läuten. In einigen Gegenden ziehen Kinder mit Ratschen und Knarren durch die Straßen und rufen zum Gebet und zum Kirchgang auf.

Schön ist der alte Brauch aus Frankreich, Österreich und einigen Regionen Deutschlands, den Kindern zu erzählen, dass die Glocken an Karfreitag nach Rom fliegen und am Ostersonntag wieder zurückkommen und sie daher nicht läuten könnten. Auf dem Rückweg aus Rom würden die Glocken den Kindern Süßigkeiten verstecken.

Fischserviette für den Karfreitagstisch: eine symbolträchtige Dekoration.

Fischserviette

für das Karfreitagsessen

*T*raditionell wird an Karfreitag in vielen Familien Fisch gegessen, da der Fisch eines der ältesten Symbole und ein Erkennungsmerkmal der Christen ist. Die Fischserviette passt daher perfekt auf jeden Karfreitagstisch. Guten Appetit!

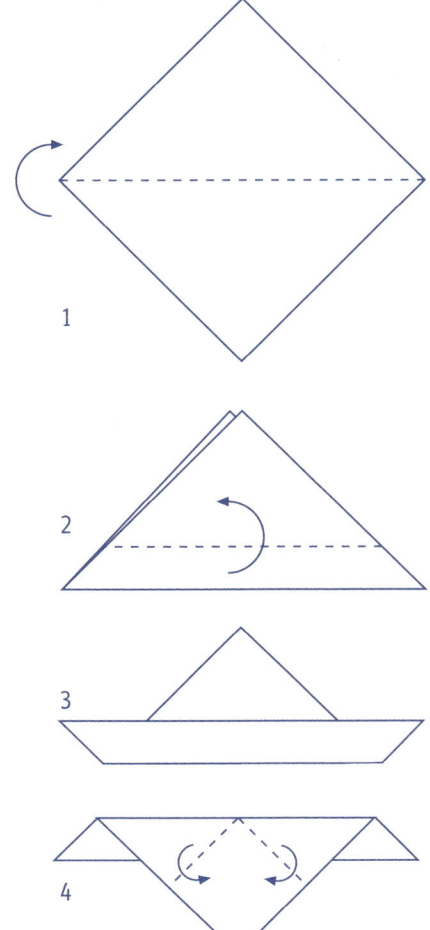

MATERIAL

- Stoffserviette in Blau, 40 cm x 40 cm
- Tonkartonrest in Weiß • Filzstift in Schwarz

ANLEITUNG

1 Die Serviette als Quadrat, das auf der Spitze steht, auf den Tisch legen und genau in der Mitte nach oben falten (Abb. 1).

2 An der geraden Seite des Dreiecks die Serviette 3 cm nach oben falten (Abb. 2 und 3).

3 Die Serviette umdrehen und die rechte und linke Spitze des Dreiecks auf die untere Spitze falten (Abb. 4).

4 Die nach unten weisenden Spitzen als Flossen nach rechts und links falten (Abb. 5 und 6). Den Fisch umdrehen (Abb. 7) und das aus Tonkarton ausgeschnittene und mit Filzstift angemalte Auge (Vorlage Seite 60) auflegen.

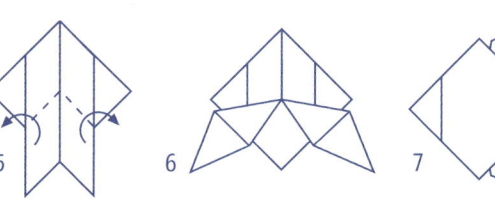

Zur Osterzeit sieht man in Deutschland mehr und mehr prachtvoll geschmückte Osterbrunnen, wie diesen farbenfrohen Brunnen in Rothenburg.

Am Karsamstag wurden die Kinder früher zur Beichte geschickt und im Anschluss daran wurden als Belohnung Beichtwaffeln gebacken. Auch wenn dies heute nicht mehr der Fall ist, steht dennoch das Backen am Karsamstag bei vielen Familien im Vordergrund, insbesondere das Backen der traditionellen symbolischen Gebildebrote. Auch der Hefezopf oder Zopfkranz mit eingebackenem Ei (siehe Seite 49) als Symbol für Glück, Gesundheit und Lebenskraft ist eine beliebte Osterbäckerei. Das Osterlamm aus Rührteig (siehe Seite 38) erinnert an das Opferlamm.

Karsamstag

······· Vorbereitungen für das Osterfest ·······

Auch wenn Karsamstag früher der stillste Tag der Kar-woche war, ist davon heute nicht mehr viel zu spüren. Vielmehr laufen jetzt die Vorbereitungen für das Osterfest auf Hochtouren! Eine recht junge Tradition ist die des Oster-brunnens. Das gemeinsame Schmücken der Brunnen im Dorf oder in der Stadt macht Spaß und stimmt auf das Hochfest ein.

DER OSTERBRUNNEN

Die Tradition der Osterbrunnen stammt aus der Fränkischen Schweiz. Es handelt sich dabei um einen vergleichsweise jungen Brauch aus dem späten 19. oder frühen 20. Jahrhundert, der sich in jüngster Zeit mehr und mehr in Deutschland verbreitet. Am Karsamstag werden öffentliche Dorfbrunnen mit bemalten Ostereiern und Zweigen zu Osterbrunnen ge-schmückt. Die Bedeutung von Osterbrunnen ist bisher unge-klärt. Mit dem Osterwasser (siehe Seite 36) haben Osterbrun-nen nichts zu tun, allerdings hatte Wasser natürlich auch bei der Entstehung dieses Brauchs eine besondere Bedeutung. Es wird vermutet, dass bei diesem Brauch die Wasserknappheit in der Fränkischen Schweiz ebenso eine Rolle gespielt hat wie die Tatsache, dass nach dem Herbst und Winter die öffentlichen Brunnen gemeinschaftlich gereinigt werden mussten.

Das Schmücken des Osterbrunnens findet meist am Karsams-tag statt. Üblicherweise bleiben die Brunnen bis zwei Wochen nach Ostern in ihrem festlichen Gewand.

Mit einem Osterfrühstück im Kreise der Familie beginnen viele Menschen die Osterfeiertage.

In der Osternacht findet in der Kirche die Weihe des Taufwassers statt.

Das Suchen von Ostereiern am Ostersonntag macht besonders den Kindern Spaß.

Das Lamm ist ein Symbol für die Auferstehung Jesu Christi. Lämmer wurden als Opfertiere geweiht und am Tag der Auferstehung verzehrt.

Das Osterfest

Ostern ist sowohl ein liturgisches Fest als auch ein Familienfest. Mit dem Osterfest ist die lange Fastenzeit, die in der Karwoche gipfelte, zu Ende. Die Zeit des Leidens, der Dunkelheit und der Hoffnungslosigkeit ist vorbei und gefeiert wird in den folgenden Tagen die Auferstehung Jesu. Ostern ist das höchste Fest des Kirchenjahres.

Aber auch die dunkle, kalte Jahreszeit ist mit Ostern endgültig beendet und der Frühling zieht mit wehenden Fahnen ein. Die Tage werden länger, die Temperaturen steigen und überall regen sich die Lebensgeister. So richtet sich auch Ostern nach dem ersten Vollmond im Frühjahr und findet immer eine Woche nach diesem Vollmond statt.

Das Familienfest Ostern ist besonders für die Kleinen ein großes Vergnügen. Beim gemeinsamen Frühstück am Ostersonntag, einem Osterspaziergang im ergrünenden Wald und natürlich beim Suchen der Ostereier werden der Frühling und das Familienglück in vollen Zügen genossen. Und auch bei den Vorbereitungen können Kinder und Eltern gemeinsam Zeit verbringen und kreativ werden. Wer erinnert sich schließlich nicht mit einem Lächeln auf den Lippen zurück an das bunte Treiben beim Ostereierauspusten und -bemalen in Kindertagen?

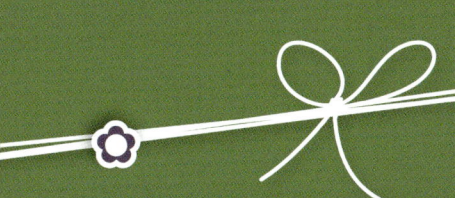

In der Osternacht oder am frühen Sonntagmorgen findet die Auferstehungsfeier in der Kirche statt. Ein zentrales Ereignis dieser Feier ist das Entzünden des Osterfeuers: Das Feuer wird in der Osternacht vor der Auferstehungsfeier vor der Kirche entfacht und geweiht. Der Diakon oder Priester entzündet dann am Osterfeuer die Osterkerze. Die Osterkerze ist das Symbol für das Lichtwerden durch die Auferstehung Christi. Unter dem dreimaligen Ruf „Lumen Christi" und der Antwort „Deo gratias" zieht die Gemeinde anschließend in die vollkommen dunkle Kirche ein. Mit diesen Rufen soll der Tod vor dem Leben und die Finsternis vor dem Licht weichen. Die Mitglieder der Gemeinde entzünden ihre mitgebrachten Osterkerzen an der Flamme der Osterkerze und der Diakon oder Priester singt das Osterlob.

Geweihte Osterkerze: ein besonderer Familienbegleiter für das ganze Kirchenjahr.

Klassische Osterkerze

.... zum Mitnehmen in die Feier der Osternacht ....

Eine selbstgestaltete Osterkerze mit in die Auferstehungsfeier mitzunehmen, ist für viele Menschen etwas ganz Besonderes. Diese hier vereint die wichtigsten österlichen Symbole und gelingt garantiert!

MATERIAL

• Wachskerze in Weiß, ø 7 cm, 30 cm lang • Verzierwachsplatten in Violett, Dunkelblau, Blau, Türkis, Hellgrün, Blau-Gold, Grün-Gold, je 5 cm x 10 cm • 5 Wachskonturenstreifen in Gold, 3 mm x 1,5 cm • Straßstein, ø 4 mm • Transparentpapier • Bleistift

ANLEITUNG

1 Die Muster farblich wie abgebildet von der Vorlage (Seite 63) auf die Wachsplatten übertragen und ausschneiden (siehe Umschlagklappe). Die Kerze leicht mit dem Föhn anwärmen und alle Wachsteile nach und nach auf die Kerze drücken.

2 Befestigen Sie anschließend die Wachskonturenstreifen, indem Sie sie ebenfalls leicht anwärmen.

3 Abschließend die Kerze mit einem Strasssstein verzieren, der in die Mitte des Kreuzes gedrückt wird.

Tipp

JAHRESZAHL ANPASSEN

Eine Osterkerze trägt die aktuelle Jahreszahl bis zum nächsten Osterfest. Damit Sie die Jahreszahl an das jeweilige Osterfest anpassen können, finden Sie Vorlagen für die Zahlen eins bis neun auf Seite 63.

SYMBOLE DER OSTERKERZE

Das Licht der Kerze Das Licht Jesu Christi soll die Herzen der Gläubigen entfachen. Die Gläubigen sollen als Kinder des Lichts leben und Gottes Licht und Wärme in die Welt tragen.

Das Kreuz Das Kreuz steht im Zentrum der Osterkerze. An ihm ist Jesus gestorben. Rote oder goldene Wachsnägel können als Symbole für die Wundmale Jesu Christi verwendet werden.

Alpha und Omega Der erste und letzte Buchstabe des altgriechischen Alphabets erinnern uns daran, dass Jesus als der Sohn Gottes der Anfang und das Ende von allem ist.

Die Jahreszahl Die Jahreszahl auf der Osterkerze erinnert daran, wie lange es her ist, dass Gott in Jesus Christus Mensch geworden ist, um uns zu erlösen.

Der Fisch Zur Zeit der Christenverfolgung war der Fisch das geheime Erkennungszeichen der Christen. Es ist somit eines der ältesten Zeichen der Glaubensgemeinschaft und auch heute noch sehr verbreitet.

Die Osterkerze mit den Hasen
ist besonders bei Kindern beliebt.
Auch wenn der Hase keine
christliche Symbolik trägt,
ist er immerhin ein Symbol
für Fruchtbarkeit und
Leben.

*Das Lamm auf die-
ser Osterkerze ist
ein Symbol für die
Auferstehung Jesu
Christi.*

... noch mehr Osterkerzen

für Kinder und Familien

Das Gestalten von Osterkerzen macht besonders Kindern großen Spaß. Deshalb sind die Motive dieser Osterkerzen mit Ausstechformen und Motivstanzern aus Wachs gearbeitet. So gelingen Formen für ein Osterlamm oder ein süßes Häschen auch kleinen Händen garantiert.

MATERIAL

KERZE MIT LAMM

• Kerze in Weiß, ø 8 cm, 20 cm hoch • Verzierwachsplatten in Hellblau, Hellgrün, Gelb und Creme • Wachszierstreifen, rund, in Gold, 2 mm breit • Ausstechformen Lamm, 5 cm x 6 cm, und Kreis, ø 4,5 cm

KERZE MIT OSTERHASEN

• Eierkerze in Apricot, 13 cm hoch • Wachsplatten in Braun und Hellgrün • Wachsplattenreste in Grün, Gelb, Pink und Weiß • Ausstechform Hase, 4 cm x 5 cm

ANLEITUNG

KERZE MIT LAMM

1 Die 8 cm x 10 cm große hellblaue Hintergrundplatte und einen 8 cm x 2 cm hellgrünen Streifen ausschneiden. Die Kerze mit dem Föhn anwärmen und beides auf der Kerze befestigen. Die Kanten wie abgebildet mit Goldstreifen betonen.

2 Stechen Sie dann die Sonne und das Lamm mit den Ausstechformen aus und schneiden Sie ein 2,5 cm x 3,5 cm großes Rechteck für die Fahne aus.

3 Zuerst die Sonne befestigen. Wie abgebildet einen 9 cm langen Wachszierstreifen als Fahnenstange anlegen und anschließend das Lamm andrücken. Formen Sie mit einem cremefarbenen Wachsrest ein Kügelchen für das Auge des Lamms und modellieren Sie das Ohr.

4 Befestigen Sie nun die Fahne. Fertigen Sie dafür aus Zierstreifen einen Aufhänger für die Fahne sowie das Kreuz.

5 Zum Schluss aus der gelben Wachsplatte 2 mm breite Streifen schneiden und 1,5 cm bis 2 cm lange Strahlen für die Sonne daraus fertigen.

KERZE MIT OSTERHASEN

1 Schneiden Sie einen 1,5 cm breiten hellgrünen Streifen in der Länge des Kerzenumfangs aus und legen Sie ihn wie abgebildet um das Ei.

2 Zwei Hasen gegengleich aus dem braunen Wachs ausstechen (einmal die Wachsplatte von oben, einmal von unten ausstechen). Die Kerze mit den Händen anwärmen und die Hasen wie abgebildet andrücken.

3 Gestalten Sie die Blüte aus pinkfarbenem Wachs. Fertigen Sie die Grashalme und den Blumenstiel aus 2 mm breiten Wachsstreifen. Formen Sie Kügelchen für die Augen der Hasen. Alle Elemente befestigen.

4 Formen Sie zum Schluss aus dem gelben Wachs eine Schnur, indem Sie es auf einer harten Unterlage rollen, und legen Sie daraus eine Schleife.

Die weiße Farbe des Schleierkrauts steht für Unschuld und Frieden.

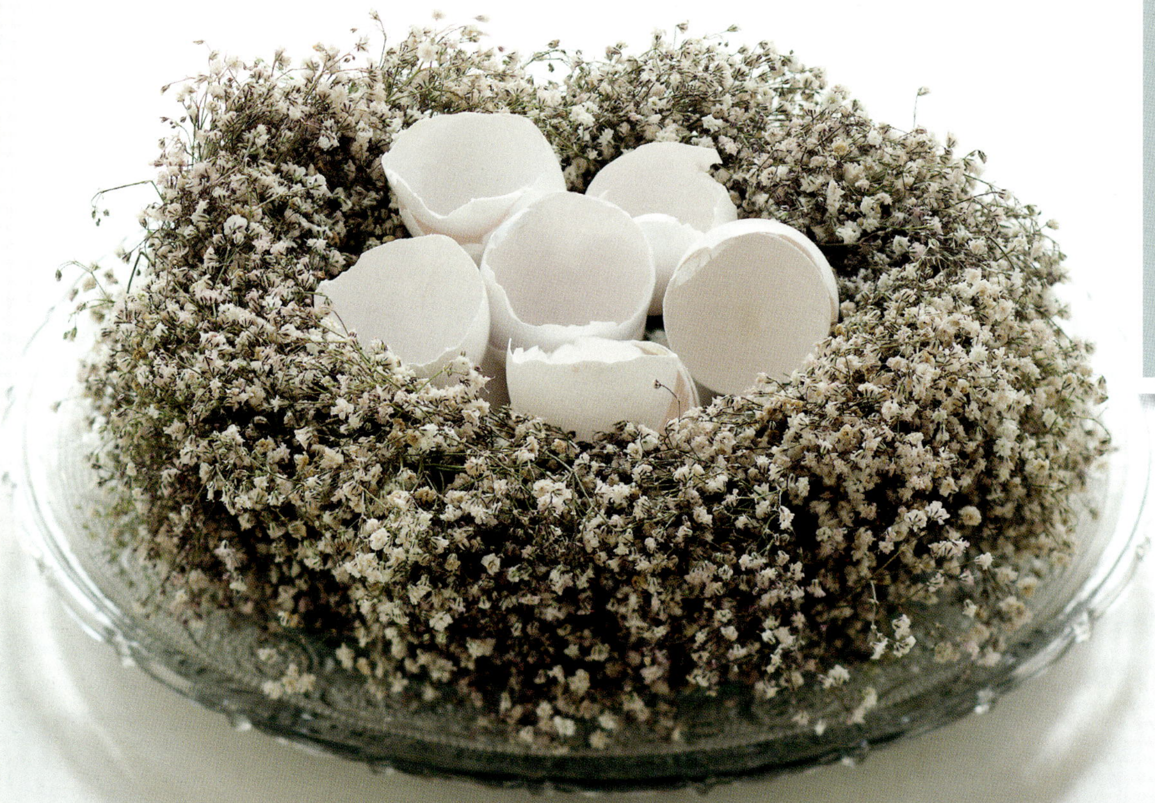

Wasser ist in vielen Kulturen ein Symbol des Lebens und der Fruchtbarkeit. Auch zu heidnischer Zeit gab es bereits den Begriff des Osterwassers. Osterwasser war Wasser, das in der Osternacht vor Sonnenaufgang von jungen, ledigen Frauen schweigend und unbeobachtet aus einem Fluss geschöpft wurde. Diesem Wasser wurde die Kraft zugesprochen, lange zu halten und die Haut besonders zu verfeinern. Einer anderen Tradition nach wusch man sich und das Vieh am Ostersonntag im Fluss oder besprengte sich mit diesem Wasser, um sich vor Krankheiten zu schützen. In der christlichen Tradition ist Osterwasser das Taufwasser, das während der Feier in der Osternacht geweiht wird und mit welchem der Priester die Gläubigen besprengt. Das Osterwasser wird dann das Kirchenjahr über für Taufen verwendet.

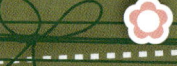

Kranz aus Schleierkraut

.... zart und andächtig ....

Dieser einfach zu fertigende Kranz aus Schleierkraut ist in seiner Schlichtheit besonders anmutig und elegant. Die Kranzmitte kann man auf verschiedene Art und Weise dekorieren. Legen Sie den Kranz beispielsweise auf den Rand einer Silberschale mit geweihtem Osterwasser oder füllen Sie ihn, wie hier, mit weißen Eierschalen.

MATERIAL

• Kranzrohling, ø ca. 20 cm (auch aus Steckmoos) • Schleierkraut • Taftband in Weiß, 4 cm breit, ca. 1 m lang • Eierschalen in Weiß • Blumenwickeldraht in Grün • Teller, flach, ø 20 cm

ANLEITUNG

1 Um eine elegante Optik auf der Kranzrückseite zu erzielen, wickeln Sie vor dem Binden ein dekoratives, glänzendes Kranz- oder Schleifenband eng um den Kranzrohling.

2 Das Schleierkraut zu kleinen Sträußen von jeweils zwei bis drei Zweigen zusammenlegen. Den Wickeldraht befestigen Sie nun, indem Sie ihn zweimal fest um den Kranzrohling wickeln und gut anziehen. Der Draht verläuft von innen nach außen.

3 Binden Sie jetzt die Sträuße mit Blumenwickeldraht an den Kranzrohling. Das Schleierkraut dafür von der Außenkante bis zur Kranzinnenseite in einer Reihe anlegen. Mit der ersten Reihe bestimmen Sie die Dicke und Dichte des Kranzes, die sich während des gesamten Bindens nicht mehr ändern sollte. Achten Sie darauf, dass der Kranz gleichmäßig rund wird. Bestücken Sie auf diese Weise den ganzen Kranz mit Schleierkraut.

4 Wickeln Sie den Draht zum Abschluss mehrmals sehr fest um den Kranz, ohne die Blüten abzuschnüren. Schneiden Sie den Draht ab und stecken Sie ihn in den Kranzrohling, damit er versteckt ist und sich niemand am Draht verletzen kann.

5 Legen Sie den Kranz auf einen passenden Teller und dekorieren Sie ihn z. B. mit weißen Eierschalen.

Tipp

DEN KRANZ FRISCH HALTEN

Um das Schleierkraut länger frisch zu halten, sollten Sie die Blumen mit Wasser versorgen. Liegt der Kranz, wie hier, auf einem Teller, füllen Sie diesen mit etwas Wasser. Möchten Sie den Schleierkrautkranz aufhängen, lassen Sie ihn sich je nach Wetter mehrmals am Tag mit Wasser „vollsaugen".

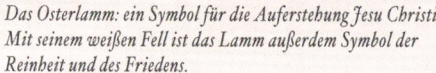

Das Osterlamm: ein Symbol für die Auferstehung Jesu Christi. Mit seinem weißen Fell ist das Lamm außerdem Symbol der Reinheit und des Friedens.

Mit Ostern werden besondere Speisen in Verbindung gebracht:

Das Ostereiersuchen morgens nach dem Aufstehen steht besonders bei Familien mit Kindern – aber nicht nur bei diesen – natürlich an erster Stelle. Sind alle Eier entdeckt worden (woher weiß man eigentlich, dass es wirklich alle sind, wenn der Osterhase sie versteckt hat?), ist das österliche Frühstück ein Höhepunkt. Hier kann zusammen mit den gefärbten Eiern und den gefundenen Schleckereien ein Hefe-zopf oder ein Hefezopfkranz serviert werden (siehe Seite 49).

An hohen Feiertagen wie Ostern gibt es traditionell ein besonders gutes Mittag-essen, das auf einem festlich gedeckten Tisch angerichtet wird. Nach der langen Fastenzeit und zur besonderen Feier des Tages bieten sich ein Lamm, ein Zicklein oder auch Geflügel an. Nicht zu vergessen natürlich das Osterlamm aus Rührteig, das vielleicht auch in der kirchlichen Feier gesegnet worden ist.

Süßes Osterlamm

eine Gaumenfreude

Das Lamm symbolisiert die Unschuld und die Opferbereitschaft Jesu Christi. Früher wurden zum jüdischen Passahfest Lämmer geschlachtet und verzehrt. Dieses Lamm muss nicht erst geschlachtet werden. Das gebackene Osterlamm ist heutzutage ein weit verbreiteter Osterbrauch.

ZUTATEN

• 125 g weiche Butter • 125 g Zucker • 1 Päckchen Vanillezucker • 1 Prise Salz • 4 Eier • 150 g Mehl • 1 TL Backpulver • 100 g gemahlene Mandeln • 6 Tropfen Bittermandelaroma • 5 EL Milch • Puderzucker • 2 Gewürznelken • etwas Butter • etwas Mehl

ANLEITUNG

1 Die Butter schaumig rühren. Dann den Zucker, den Vanillezucker und das Salz sowie anschließend die Eier hinzufügen und jeweils verquirlen.

2 Das Mehl, das Backpulver, die Mandeln, das Bittermandelaroma und die Milch mit einem Rührlöffel vorsichtig unterrühren.

3 Den Backofen auf 200°C Umluft vorheizen. Die Lammbackform mit etwas Butter bestreichen und mit etwas Mehl bestäuben. Anschließend die Lammbackform zusammensetzen und auf das Backblech stellen.

4 Mit einem Esslöffel vorsichtig den Teig einfüllen. Den Teig möglichst nicht am Formenrand entlanglaufen lassen, damit die Fettschicht nicht zerstört wird und sich der Kuchen nach dem Backen gut lösen lässt. Etwas Platz lassen, damit die Form nicht überläuft.

5 Das Osterlamm ca. 55 Min. lang backen. Nach dem Backen kurz in der Form ruhen lassen, dann die Form vorsichtig ablösen.

6 Zum Schluss das Lamm mit Puderzucker bestäuben und Gewürznelken als Augen einstecken.

Tipp

GEBACKENE OSTEREIER

Falls Sie Teig übrig haben, können Sie den Teig in Eierschalen ausbacken. Dazu die Eierschalen vorbereiten wie auf Seite 15 (Eiervasen) beschrieben. Den Teig einfüllen, die Eier auf Eierbecher aus Porzellan oder Edelstahl setzen und zusammen mit dem Lamm backen. Die Eier werden mit der Schale serviert.

Natürlich gefärbte Ostereier:
brillante Farben ohne Chemie.

Eines der unverzichtbaren österlichen Symbole ist das Ei. Dieses gilt seit jeher und in vielen Kulturen als Symbol der Fruchtbarkeit, als Ursprung allen Lebens. So gaben bereits die Etrusker den Toten ein Ei in die Hand, um für ihr Weiterleben im Jenseits zu sorgen. Ägyptens erster Gott soll einem Gänseei entsprungen sein, und bereits vor 7000 Jahren wurden in Ägypten und Persien gefärbte Eier verschenkt. Auch in China wurden vor 5000 Jahren bereits verzierte Eier mit der Hoffnung auf ein erfolgreiches Erntejahr verbunden. In der griechischen Antike war das Ei ein Sinnbild der vier Elemente Erde (Schale), Feuer (Dotter), Wasser (Eiklar), Luft (Luftblase). Ebenso war bei den Germanen das Ei ein Fruchtbarkeitssymbol, und es wurde bei Frühlingsfesten verehrt. Übrigens: Es soll Zeiten gegeben haben, in denen das Zerschlagen eines Eies einem Mord gleichkam und auch als solcher geahndet wurde. Im christlichen Kulturkreis gilt das Ei als Sinnbild für die Auferstehung Jesu Christi, also ebenfalls als ein Zeichen für die Wiederkehr des Lebens. Um an die Leiden Jesu Christi zu erinnern, färbten die Menschen die Eier traditionell rot.

Natürlich gefärbte Ostereier

.... in leuchtenden Farben ....

Das Färben und Bemalen von Eiern zu Ostern ist eine sehr alte und weit verbreitete Tradition. Eiermalfarben gibt es zur Osterzeit daher in jedem Supermarkt zu kaufen. Leuchtende Farben erzielen Sie aber auch mit natürlichen Farbgebern wie Kurkuma, Safran, Zwiebelschalen, Walnussschalen oder Holundersaft – ganz ohne Chemie.

MATERIAL

• Eier in Weiß oder Braun • Essig • großer Kochtopf
• Küchenpapier • Öl

ANLEITUNG

1 Reiben Sie die Schalen der Eier zunächst mit Essig ab, damit sie die Farbe besser aufnehmen können.

2 Kochen Sie nun nach der Übersicht den Farbsud. Anschließend die Eier in dem Sud 10 Min. lang hart kochen.

3 Lassen Sie die Eier abkühlen (nicht mit kaltem Wasser abschrecken, dabei können Risse entstehen) und reiben Sie sie mit Öl ein, damit sie schön glänzen.

Tipps

FARBEN MISCHEN

Legt man die violetten Eier in den noch heißen Safransud oder die gelben Eier in den Holundersud, erhält man Grüntöne. Legt man gelbe Eier in den Zwiebelsud, entstehen Farbtöne von einem warmen Goldgelb bis hin zu Orange bzw. Terracotta.

ZU VIELE EIER

Bleiben nach Ihrem Osterfest zu viele gekochte Eier übrig, können Sie daraus ganz einfach einen leckeren Salat zubereiten. Dafür die Eier halbieren. Das Eigelb herausnehmen, das Eiweiß in Stücke schneiden. Das Eiweiß mit Schinken, Mandarine oder Ananas, Petersilie, Spargel und Champignons mischen. Das Eigelb mit einem Schuss Ketchup oder Sahne, Worcestersoße, Senf, Salz und Pfeffer zu einer Salatsoße verrühren. Fertig!

FARBTÖNE

Zwiebelschalen färben goldgelb. Eine Handvoll Zwiebelschalen in einem Liter Wasser mit einem Schuss Essig ansetzen und zum Kochen bringen. 20 Min. kochen lassen und dann den Sud abseihen. Das Ei im leicht siedenden Sud kochen.

Walnussschalen färben braun. Eine Hand voll Walnussschalen in einem Liter Wasser mit einem Schuss Essig ansetzen und zum Kochen bringen. 20 Min. kochen lassen und den Sud abseihen. Das Ei im leicht siedenden Sud kochen.

Kurkuma und Safran färben sonnengelb. Ein Esslöffel Kurkuma und einige Fäden Safran mit einem Schuss Essig in einen Liter Wasser geben. Die Eier darin kochen.

Holundersaft färbt zartviolett. Holundersaft färbt nur weiße Eier. Dafür etwa einen Liter Holundersaft mit einem Schuss Essig zum Kochen bringen. Die Eier darin kochen.

Symbole findet man in der Osterzeit besonders viele. Diese Eier zeigen einige der bekanntesten.

Eier mit Ostersymbolen

in Eier eingraviert

Ostereier werden zur Osterzeit nicht nur versteckt. Oftmals findet man sie auch in Festtags-schmuck und Dekorationen. Ganz besondere Eier können Sie mit der Graviertechnik gestalten. Filigrane Motive auf Eiern, wie hier die österlichen Symbole, sind ein besonders schöner Schmuck.

MATERIAL

- Gänseeier, ca. 8 cm hoch • Eierfarbe in Pink, Violett und Blau
- Essigessenz • 3 Gläser, ø 12 cm • Graviermesser • Transparentpapier
- Bleistift • Fett

ANLEITUNG

1 Die Eier nach den Herstellerangaben färben.

2 Übertragen Sie nach der Vorlage (Seite 62) das Muster mit dem Kopier-papier auf die Eier oder zeichnen Sie es mit einem Bleistift von Hand auf die Eier auf.

3 Kratzen Sie das Muster mit dem Graviermesser vorsichtig in die Eier-schalen ein.

4 Zum Schluss die Eier mit etwas Fett einreiben, damit sie einen schö-nen Glanz bekommen.

Tipps

GRAVIERTECHNIK ÜBEN

Wenn Sie zum ersten Mal Eier in der Graviertechnik gestalten, probieren Sie das Abkratzen der Farbe auf einem gefärbten Ei aus. So bekommen Sie schnell ein Gespür für den richtigen Druck des Graviermessers.

SYMBOLE

Fisch und Kreuz Das blaue Ei zieren zwei Fische vor einem Kreuz. Damit werden zwei alte christliche Symbole kombiniert (siehe Seite 33).

Das Lamm Das Lamm, wie es auf dem violetten Ei dargestellt ist, ist ein Symbol für Jesus Christus selbst. Johannes der Täufer bezeichnet Jesus in seinem Evangelium als „Lamm Gottes". Wie ein Opferlamm hat auch Jesus viel Leid und Schuld auf sich genommen, um die Menschen zu erlösen.

Das Christussymbol, Alpha und Omega Der griechische Buchstabe „CH" sieht aus wie unser lateinisches X, der griechische Buchstabe „R" sieht aus wie das lateinische P. Die ineinanderstehenden Buchstaben X und P stehen somit für „CHR" wie CHRistus. Die Buchstaben Alpha und Omega stehen in ihrer Funktion als erster und letzter Buchstabe des griechischen Alphabets für den Anfang und das Ende. Diese beiden Symbole stehen kombiniert für Christus, der sowohl der Anfang als auch das Ende des Lebens ist.

*Ein Osterkranz aus Birkenreisig,
verziert mit bunten Eierschalen:
einfach und wirkungsvoll.*

Farbenfroher Eierkranz

leuchtend-bunt

Grüne Kränze mit Ostereiern sind ein beliebter Schmuck in der Osterzeit. Zart und luftig ist dieser Kranz mit Eierschalen geschmückt. Die Eierschalen erinnern mit ihrem Perlenschmuck an Tulpen oder andere Frühlingsblüher.

MATERIAL

- Äste und Efeuzweige • Blumenwickeldraht in Silber, ø 0,8 mm • 6 ausgeblasene Hühnereier in Weiß, ca. 6 cm hoch • Eierfarbe in Blau, Pink und Grün • Essigessenz • 3 Gläser, ø 8 cm • je 6 Holzperlen, lackiert, in Gelb, Violett und Türkis, ø 1 cm • 6 ca. 1,5 lange Streichholzstücke • Schleifenbänder in Grün, Pink und Türkis, 2 cm breit, 250 cm lang

ANLEITUNG

1 Aus den Ästen und Efeuzweigen mithilfe des Blumenwickeldrahts einen ca. ø 35 cm großen Kranz binden.

2 Die Eierfarbe nach Herstellerangaben zubereiten und je zwei Eier in Grün, Pink und Türkis färben. Den unteren Teil der Schale jeweils aufbrechen und abnehmen.

3 Schneiden Sie für die Aufhängungen der Eier jeweils ca. 30 cm Draht zu und legen Sie ihn mittig zusammen. Ca. 10 cm von den Drahtenden entfernt ein Streichholzstück durch Umwickeln am Draht befestigen.

4 Ziehen Sie die Eier von oben auf den Draht auf, sodass sie von den Streichholzstücken gehalten werden. Eine Perle ebenfalls von oben auf den Draht aufziehen. Befestigen Sie dann unten an den Drahtenden jeweils eine Perle, indem Sie den Draht noch einmal in der gleichen Richtung durch die Perle ziehen.

5 Hängen Sie die Eierblumen wie abgebildet unten an den Kranz.

6 Befestigen Sie die Bänder mit einer Schleife am Kranz und hängen Sie daran den Kranz auf.

Tipp
OSTERKRANZ VOR IHRER HAUSTÜR

Der Osterkranz lässt sich einfach umwandeln, um ihn als Schmuck vor der Haustür zu verwenden. Stellen Sie dazu einen dünnen Baumstamm in einen stabilen Blumenkübel. Hängen Sie den Kranz am Ende des Stammes auf. Der Stamm führt nun durch die Mitte des Osterkranzes. Er kann passend zum Kranz mit Bändern verziert werden.

Der **Ostermontag** gehört liturgisch gesehen zum Ostersonntag, da am Ostermontag die Auferstehung Jesu Christi aus der Sicht der Emmaus-Jünger erzählt wird. Am dritten Tag nach der Kreuzigung kehren zwei Jünger aus Jerusalem nach Emmaus zurück. Ein unbekannter Mann fragt sie auf dem Weg, weshalb sie trauern, und erklärt, dass die alten Schriften das Leiden Jesu Christi bereits vorausgesagt haben. Als die Jünger den Mann in Emmaus in die Herberge einladen, bricht er am Tisch das Brot. Die Jünger erkennen in ihm den auferstandenen Jesus, der aber vor ihren Augen verschwindet. Sie beeilen sich, wieder nach Jerusalem zu kommen, um den dort noch weilenden Jüngern von ihrer Begegnung zu berichten.

Österlicher Frühstückstisch

········ Tischdeko und mehr ········

Der Ostersonntag ist ein Festtag, einer der höchsten im Kirchenjahr. Gebührend wird dieser im Kreise der Familie mit einem Osterfrühstück begonnen. Da darf eine passende Tischdekoration nicht fehlen.

Namenseier

MATERIAL

• Bast in Dunkeltürkis und Gelb • Kordel in Türkis und Grün, ø 3 mm, ca. 20 cm lang • 4 hartgekochte Hühnereier in Weiß • Glitter-Eierfarbe in Türkis, Blau-Grün und Gelb • Cutter

ANLEITUNG

1 Für die Nester jeweils aus ca. 30 cm langen Baststücken einen 5 cm breiten Zopf flechten. Dabei die Enden offen lassen. Binden Sie den Zopf mit einem ca. 20 cm langen Kordelstück zu einem Nest zusammen.

2 Die Eier nach den Herstellerangaben färben. Gravieren Sie mit dem Cutter jeweils vorsichtig den Namen des Gastes in ein gefärbtes Ei ein (siehe auch Seite 42) und legen Sie in jedes Nest ein Ei.

Blumige Tischmitte: Narzissen, Hyazinthen und Vergissmeinnicht verbreiten Frühlingsduft im ganzen Raum.

Blumengesteck für die Tischmitte

MATERIAL

• Servierplatte in Silber, ø 25 cm, ca. 40 cm lang • Porzellan- oder Glasschüssel, ø 20 cm • Sand • Traubenhyazinthen • Zwergnarzissen • Wild-Narzissen • Vergissmeinnicht • Korkenweidenzweige • Bastwolle in Türkis • Filzschnur in Türkis, ø 7 mm, 1 m lang • 15 hartgekochte Hühnereier in Weiß • Glitter-Eierfarbe in Türkis, Blau-Grün und Gelb

ANLEITUNG

1 Die Porzellan- oder Glasschüssel mit dem Sand füllen, die Blumen einpflanzen und mit den Korkenweidenzweigen und der türkisfarbenen Filzwolle dekorieren.

2 Die Schüssel mittig auf die silberne Servierplatte stellen, die gefärbten Eier auf den Plattenrand rund um die Schüssel legen und mit der türkisfarbenen Bastwolle schmücken.

3 Den Tisch wie gewohnt decken und mit den Namenseiern, dem traditionellen Zopfkranz und den Hasen-Servietten wie abgebildet dekorieren.

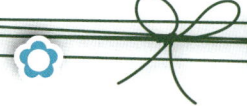

Traditioneller Zopfkranz

.... bringt Glück, Gesundheit und Lebensfreude ....

Kein Osterfest ohne Hefezopf. Ob lang, als großer Kranz oder, wie hier, zu einem österlichen Zopfkranz gewunden, ein Hefezopf schmeckt an Ostern am allerbesten.
Als besonderes Etwas hat dieser Hefezopf ein Osterei in seiner Mitte (siehe Foto Seite 46/47).

ZUTATEN

• 20 g Hefe • 130 ml lauwarme Milch • 35 g Zucker • 300 g Mehl • 70 g Butter
• 1 Ei • 1 Eigelb • 2 EL Milch • etwas Mehl • etwas Butter • 1 hartgekochtes, gefärbtes Ei

ANLEITUNG

1 Die Hefe in der lauwarmen Milch auflösen. Die Butter in einem kleinen Topf schmelzen lassen.

2 Fügen Sie die Hefe und die Butter mit dem Mehl, dem Zucker und dem Ei zusammen und kneten Sie den Teig so lange, bis er sich von der Hand löst.

3 Dann den Teig zugedeckt an einem warmen Ort ca. 1 Stunde lang gehen lassen, nochmals durchkneten. Anschließend dritteln und auf einer mit Mehl bestäubten Arbeitsplatte zu einem Zopfkranz zusammenlegen.

4 Den Zopfkranz auf ein mit etwas Butter eingefettetes Blech legen. Das Eigelb mit der Milch verrühren und damit den Zopf einstreichen.

5 Backen Sie den Zopfkranz ca. 35–40 Min. lang bei 200 °C. Zum Schluss mit einem hartgekochten, gefärbten Ei dekorieren.

Serviette in Hasenfaltung:
Eine originelle und schnelle
Idee für den Ostertisch.

Hasenserviette

Diese Hasen-Faltung ringt gute Laune beim Osterfrühstück im Kreis der Familie. Mit ein bisschen Übung können hier auch kleine Hände mitfalten.

MATERIAL

• Servietten in Türkis-Gelb, kariert, 50 cm x 50 cm • Efeuzweige

ANLEITUNG

1 Die Serviette als Quadrat auf den Tisch legen. Den unteren Teil der Serviette zu einem Drittel nach oben und den oberen Teil zu einem Drittel nach unten falten (Abb. 1).

2 Beide Hälften der Oberkante zur senkrechten Mittellinie nach unten falten (Abb. 2).

3 Die rechte und linke untere Ecke zur Mittellinie falten (Abb. 3).

4 Die rechte und linke Kante zur Mittellinie falten (Abb. 4).

5 Die Serviette wenden, um 180° drehen und die untere Spitze nach oben falten (Abb. 5 und 6).

6 Die Figur entlang der senkrechten Mitte zur Hälfte zusammenklappen (Abb. 7).

7 Mit den Daumen in die Ohren fahren und diese etwas drehen und breit drücken. Zum Schluss wie abgebildet mit den Efeuzweigen dekorieren.

1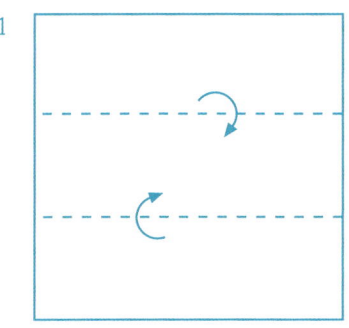

2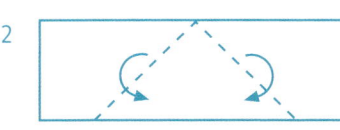

3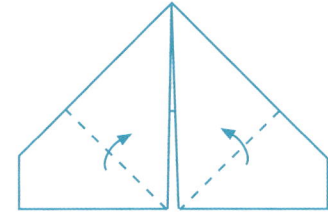

4 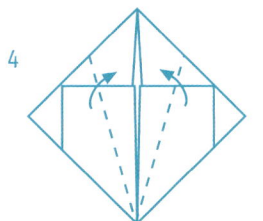 5 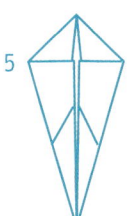 6 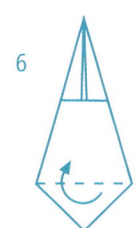 7 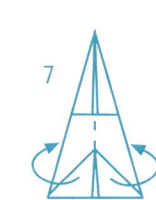 8

*Bunte Filtertüten-Hasen: Die Wasserfarben
auf den Kaffeefiltern verlaufen von ganz allein
und schaffen wunderschöne Farbverläufe.*

Filtertüten-Hasen

.... machen den Kleinen Spaß ....

Jetzt dürfen die Kinder auch einmal etwas Kreatives zum Ostertisch beitragen – die hübschen Hasen aus Filtertüten gelingen mit etwas Beistand auch schon den Allerkleinsten!

MATERIAL

- 5 hartgekochte Hühnereier in Weiß • Eierfarben in Gelb, Violett, Grün, Pink und Blau • Essigessenz
- 5 Gläser, ø ca. 8 cm (für jede Farbe eines)
- Kaffee-Filtertüten in Weiß, 10 cm x 15 cm • Toilettenpapier-Papprollen • Besenhaare, ca. 8 cm lang
- Knete in Pink, Orange und Grün, je 8 mm x 8 mm
- Haftetiketten in Weiß, ø 8 mm • Wasserfarben • Pinsel

ANLEITUNG

1 Die Eierfarben nach den Herstellerangaben vorbereiten und die Eier färben.

2 Die Hasenohren von der Vorlage kopieren und aus den Kaffee-Filtertüten ausschneiden.

3 Fertigen Sie jetzt aus den Eiern die Hasenköpfe. Dazu zunächst die Ohren am Hinterkopf ankleben. Befestigen Sie dann die Besenhaare als Schnurrhaare, etwas Knete als Nase und die Haftetiketten als Augen. Die Pupillen mit schwarzem Filzstift aufmalen.

4 Die Filtertüten mit Wasserfarben anmalen, trocknen lassen und mittig auf die Papprollen setzen. Zum Schluss die Hasenköpfe darauf setzen.

Der Hase, ebenso wie das Ei, ist von jeher ein Sinnbild für Fruchtbarkeit. Und so ist es nicht weiter erstaunlich, dass beide Symbole so schön zum Märchen vom Ostereier legenden Osterhasen verknüpft wurden.

Den Osterhasen gibt es übrigens nicht in allen Ländern. Er ist vorzugsweise in Deutschland und in den Niederlanden unterwegs. Manchmal sind es auch die Glocken, die die Ostereier verstecken. Aber es gibt auch einige deutschsprachige Regionen, in denen zu Ostern die Hähne, Füchse, Kuckucke, Störche, Ostervögel und Palmesel besonders fleißig beim Eierbringen und Eierverstecken sind. Kinder lieben magische Geschichten und so dürfen Eltern gerne so etwas Charmantes wie eierlegende Osterhasen vorflunkern …

Die Eiersuche im Garten bringt Kinderaugen zum Leuchten.

Der Osterhase bemalt die Eier für die Kinder

und versteckt sie anschließend mit weiteren Süßigkeiten — vorzugsweise draußen (denn dort kommt er eher vorbeige-hoppelt als in Mietwohnungen). Mit einem Osterkörbchen bewaffnet geht es dann auf die Suche. Viele Kinder bauen sich auch kleine Nester aus Moos oder Zweigen, damit der Osterhase die Leckereien direkt dort hineinlegt. Außer dem Eiersuchen ist das sogenannte „Eierpecken" oder „Eiertit-schen" ein beliebtes Spiel für den Ostersonntag: Jeder Teil-nehmer hält ein Ei in der Hand und „peckt" oder „titscht" es an das Ei eines anderen Teilnehmers. Derjenige, dessen Ei bis zum Schluss ganz bleibt, hat gewonnen.

Eiersuche und Co.

.... ein Spaß für Groß und Klein ....

D ie Eiersuche ist in deutschsprachigen Ländern und in den Niederlanden ein fester Bestandteil
des Familienfestes Ostern. Wenn das Wetter schön ist, findet die Suche meistens im Freien
statt. Und wer danach noch Lust auf ein Spiel hat, sollte mal dieses hier ausprobieren.

Ostereierdieb

TEILNEHMER

• mindestens drei Spieler plus ein Spielleiter

MATERIAL

• Korb mit Ostereiern

SPIELANLEITUNG

Ein Teilnehmer setzt sich mit geschlossenen Augen mit dem Korb voller Ostereier (z. B. von der vorangegangenen Eiersuche) in die Mitte einer Wiese. Der Spielleiter wählt zwei Teilnehmer aus, die sich vom Rand der Wiese aus von verschiedenen Seiten an den Bewacher der Ostereier anschleichen. Jetzt muss dieser seine Ohren spitzen und die Eierdiebe „erlauschen". Zeigt er auf einen der Anschleicher, muss sich dieser Spieler wieder an den Rand der Wiese stellen. Schafft es dagegen ein Spieler, ein Ei aus dem Korb zu stibitzen, darf er das Ei behalten. Er wird nun zum Bewacher des Korbes mit Ostereiern, und es ziehen wieder zwei Eierdiebe los.

Der Spielleiter sollte darauf achten, dass alle Teilnehmer gleich oft drankommen. Das Spiel endet dann, wenn keine Eier mehr übrig geblieben sind. Gewonnen hat der erfolgreichste Dieb – derjenige, der am Schluss die meisten Eier hat.

Tipp
FINALE
Nachdem alle Spieler einmal dran waren, kann das Spiel „verschärft" werden. Dazu scheidet immer der Spieler aus, der es nicht geschafft hat, ein Ei zu klauen. So treten jeweils die erfolgreichsten Diebe gegeneinander an bis der Sieger mit den meisten Eiern feststeht.

*Marmorierte Schokoeier:
in echten Hühnereiern
gegossen und super süß.*

Selbstgemachte Schokoeier

.... schmecken besonders gut ....

Für echte Schokoladenfans: Marmorierte Eier aus Vollmilchschokolade und weißer Schokolade sind ein doppelter Genuss.

MATERIAL

• ausgeblasene Hühnereier • Vollmilch- und Weiße Schokoladenkuvertüre
• Metall- oder Kunststofffolie, ca. 10 cm x 8 cm • Eierbecher • etwas Knete • 2 Töpfe
• 2 Kaffeemilch-Kännchen • Küchenmesser • Brettchen

ANLEITUNG

1 Verschließen Sie das untere Loch des ausgeblasenen Eies von außen mit Knete und setzen Sie das Ei in einen Eierbecher.

2 Rollen Sie aus der Folie eine Tüte zusammen, mit der Sie die flüssige Kuvertüre durch das obere Loch des Eies einfüllen können.

3 Die Kuvertüre aus Vollmilch-Schokolade und Weißer Schokolade jeweils separat im Wasserbad schmelzen lassen. Dazu die Kuvertüre jeweils mit einem Küchenmesser auf einem Brett klein schneiden und in ein Kaffeemilch-Kännchen fühlen. Die Töpfe zur Hälfte mit Wasser füllen, die Kännchen hineinstellen und das Wasser erwärmen. Die Kuvertüre unter ständigem Rühren zum Schmelzen bringen. Achtung: Das Wasser sollte nicht kochen, da es sonst in die Schokolade spritzen könnte.

4 Abwechselnd weiße und braune Schokolade durch die Tüte in das Ei füllen. Schütteln Sie für die Marmorierung leicht das gefüllte Ei. Anschließend ca. drei Stunden lang im Kühlschrank kühlen. Schälen Sie die Eier, nachdem die Schokolade fest geworden ist.

5 Für die Schokoladenraspeln die flüssige Kuvertüre auf einen flachen Teller gießen, glatt streichen und erkalten lassen. Mit einem Messer Schokoladenraspel abschaben.

6 Die Schokoeier auf die Schokoladenraspeln setzen.

Tipp

GLÄNZENDER AUFTRITT
Polieren Sie die Ostereier vor dem Servieren mit etwas Speisefett (auf einem Stück Küchenrolle). So bekommen Sie einen frischen Glanz und sehen einfach zum Anbeißen aus.

SCHOKOEIER VERSTECKEN
Möchten Sie die Schokoeier im Garten für die Kinder verstecken, schälen Sie die Eier nach dem Abkühlen nicht. Die Kinder werden staunen, wenn sich in ihrem gefundenen Hühnerei Schokolade versteckt.

*Familienzeit am Osterwochen-
ende: Das Suchen und Schnitzen
von geeigneten Stöcken, das
Wickeln der Teigrollen um den
Stock, das Backen der Brote und
natürlich der anschließende
Genuss bereiten garantiert allen
Familienmitgliedern Freude.*

**Feuer am Osterwochenende sind ein sehr alter Brauch, um
den Winter zu vertreiben.** Sie sind nicht zu verwechseln mit dem
christlichen Osterfeuer im Rahmen der Auferstehungsfeier. Der Schein des
heidnischen Osterfeuers sollte eine reinigende Wirkung haben und die auf die
Felder verstreute Asche sollte deren Fruchtbarkeit steigern. Bei den heutigen
Osterfeuern werden Holzstöße aus Baum- und Strauchschnitt möglichst hoch
aufgetürmt und evtl. mit einer Hexenpuppe aus Stroh bestückt. Manche Dörfer
machen einen Wettstreit um das höchste Feuer, weshalb die Feuer
möglichst weit sichtbar sein sollen.

Stockbrot am Lagerfeuer

.... gemütliches Beisammensein ....

Am Ostersonntag lodern in ganz Deutschland zahlreiche kleinere und größere Osterfeuer. Es macht Spaß, den Frühling auf diese Weise zu begrüßen, Freunde zu treffen und natürlich Stockbrot zu backen.

ZUTATEN

• 500 g Mehl • 250 ml warmes Wasser • 1 TL Salz • 2 EL Öl • 1 Päckchen Trockenhefe

ANLEITUNG

1 Aus den Zutaten einen Teig bereiten und diesen an einem warmen Ort gehen lassen.

2 Einen möglichst geraden Haselnuss- oder Holunderbuschstecken vorne mit einem scharfen Küchenmesser von der Rinde befreien und leicht anspitzen. Der Stecken sollte mindestens 1,5 m lang sein, damit Sie sich nicht die Finger verbrennen, wenn Sie den Teig über die Glut halten.

3 Den Teig nach dem Gehenlassen nochmals durchkneten. Er sollte ausreichend fest sein, damit Sie ihn mit der Hand entnehmen und zu dünnen Rollen formen können.

4 Formen Sie maximal 2 cm dicke Rollen und schlingen Sie diese um die Stecken. Wenn Sie die Rolle mit etwas Abstand spiralförmig aufwickeln, wird der Teig schneller gar.

5 Das Stockbrot ca. 15 Min. lang in der Glut garen lassen. Guten Appetit!

Hinweis

KLEINES FEUER IM EIGENEN GARTEN

Bevor Sie ein kleines Osterfeuer im eigenen Garten veranstalten, erkundigen Sie sich nach den rechtlichen Auflagen in Ihrer Region bezüglich Lagerfeuern im Garten. Eventuell müssen Sie Ihr Lagerfeuer anmelden. Auch die Größe des Feuers ist aus Sicherheitsgründen festgelegt. Achten Sie in jedem Fall darauf, dass das Feuer immer beaufsichtigt wird, für den Notfall Wasser oder ein Feuerlöscher in der Nähe sind und das Feuer auf einem feuerfesten Untergrund lodert.

OSTERPALME MIT EIERGIRLANDE

SEITE 20

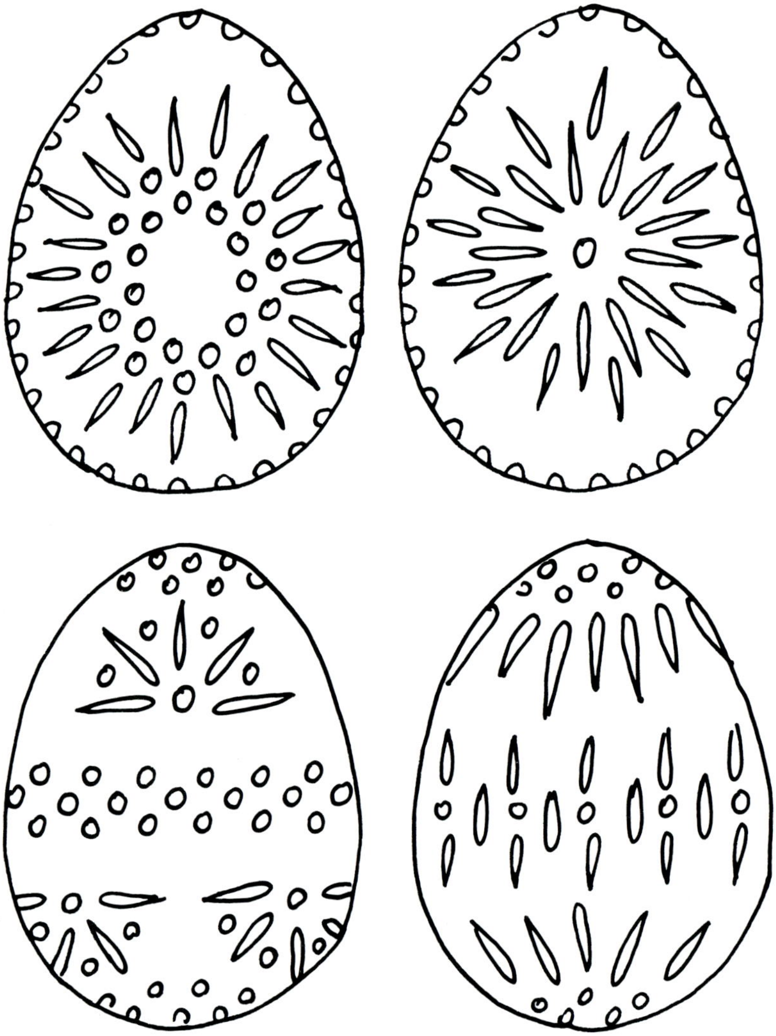

FISCH-SERVIETTE

SEITE 26

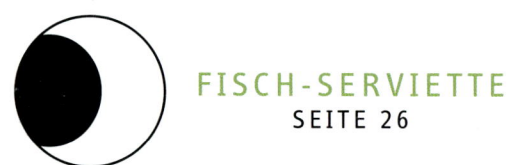

... NOCH MEHR
OSTERKERZEN
SEITE 34

STRAUSSENEI IM
BUCHSBAUMGESTELL
SEITE 22

OSTERSYMBOLE
SEITE 42

KLASSISCHE
OSTERKERZE
SEITE 32

Annette Kunkel wuchs traditionsverbunden in einer nordbayerischen Mittelgebirgsregion auf. Durch ihre Familie erlernte sie schon als Kind zahlreiche textilgestalterische und kunsthandwerkliche Techniken. Seit 1998 hat sie Bücher zu den verschiedensten Themen im Frechverlag veröffentlicht, z. B.: Textilgestaltung und Nähen, das Gestalten von Festtagskerzen, Gießen origineller Seifen und Kerzen und Basteln mit Tontöpfen.

Kornelia Milan wurde 1961 in Oberschlesien (Polen) geboren, wo sie auch ein Kunstgymnasium in Bilitz-Biala besuchte. Nach der Übersiedelung nach Deutschland studierte sie Textilgestaltung an der Kunstakademie in Stuttgart. Seit 1990 ist sie Autorin des frechverlags und hat seitdem zahlreiche Bücher zu den Themen Bemalen und Bedrucken von Textilien, Weihnachts- und Osterdekorationen, Wohnraumgestaltung, Arbeiten mit Holz, Ton, Papier und Filz sowie Nähen veröffentlicht.

DANKE!

Die Autorinnen danken den Firmen efco (Rohrbach), Knorr Prandell (Lichtenfels) und Rayher (Laupheim) für die freundliche Bereitstellung von Materialien.

IMPRESSUM

MODELLE UND STYLING: Annette Kunkel: Seite 10/11, 12/13, 14/15, 18/19, 34/35, 38/39 und 40/41; Kornelia Milan: Seite 8/9, 20/21, 22/23, 32/33, 36/37, 42/43, 44/45, 46–48, 50/51, 52/53 und 56/57; Flora Press Agency GmbH, Hamburg: Seite 24/25; Sieglinde Holl: Seite 26/27

FOTOS: frechverlag GmbH, 70499 Stuttgart; Flora Press Agency GmbH, Hamburg, Seite 24; www.fotolia.de: Digitalpress, Umschlagklappe (Ostereier ausblasen); Sergey Dyadechkin, Seite 59; Gisela Heim, Umschlagklappe (Eierhalter); Fotostudio Ullrich & Co., Renningen, Seite 26 und Umschlagklappe (Osterkerzen gestalten); www.istockphoto.com: Liv Friis-Larsen, Seite 4; Olga Solovei, Seite 6 (oben links); Elena Blokhina, Seite 6 (oben rechts); Rich Legg, Seite 6 (unten links); Rubberball, Seite 16 (oben links); Ernst W. Breisacher, Seite 16 (oben rechts); RiverNorthPhotography, Seite 16 (unten links); Karl-Friedrich Hohl, Seite 28; omgimages, Seite 30 (oben links); Michael Monu, Seite 30 (oben rechts); Rhienna Cutler, Seite 30 (unten rechts); Kerstin Klaassen, Seite 49; Pedro Castellano, Seite 54; Henglein and Steets/cultura/Corbis, Seite 58; Lichtpunkt, Michael Ruder Fotografie (alle übrigen)

PRODUKTMANAGEMENT: Susanne Meyer

INFOTEXTE UND REDAKTION: Susanne Dubbers und Annette Kunkel

LEKTORAT: Susanne Meyer und Susanne Dubbers

LAYOUT-ENTWICKLUNG UND UMSCHLAG: DSP Zeitgeist GmbH, Ettlingen

LAYOUT-UMSETZUNG UND GESTALTUNG: Petra Theilfarth

DRUCK: Grafisches Centrum Cuno GmbH & Co. KG, Calbe   PRINTED IN GERMANY

1. Auflage 2012

© 2012 **frechverlag** GmbH, 70499 Stuttgart

ISBN 978-3-7724-3944-5 • Best.-Nr. 3944